RIGA

EN 2 DÍAS

EL PAÍS El Viajero city

RIG

Viajar es un placer y convertirse en viajero toda una aventura. Son muchos los motivos para iniciar un viaje: descubrir nuevas gentes, paisajes, aromas, sabores... o reencontrase con ellos.

En Repsol sabemos que viajar amplía horizontes, nos capacita para apreciar la belleza en las diferencias y nos enriquece como personas. Por eso nos preocupamos por ofrecerte todo lo que necesitas para disfrutar de tus viajes y lograr que tus desplazamientos se efectúen siempre cómodamente y en las mejores condiciones.

Nuestra vocación de servicio nos llevó hace más de 30 años a editar la prestigiosa **Guía Campsa**. Una fiel compañera de viaje, que año tras año, se renueva para seguir siendo referente en el mundo de los viajes, la gastronomía y el vino.

En su versión on line, accesible a través de **guiacampsa.com** y **repsolypf.com,** la información y servicios para tus viajes no tiene límites. El pronóstico meteorológico, el estado de las carreteras, mapas de más de 75.000 localidades europeas o sugerencias turísticas y gastronómicas de máxima actualidad son algunas de las facilidades para planificar tus viajes.

Nuestro firme compromiso con el viajero, que nos impulsa a superarnos cada día en los productos y servicios que le ofrecemos nos lleva hoy, a colaborar con **El País** en el lanzamiento y edición de esta magnífica colección de guías El Viajero City.

Mapa centro de Riga

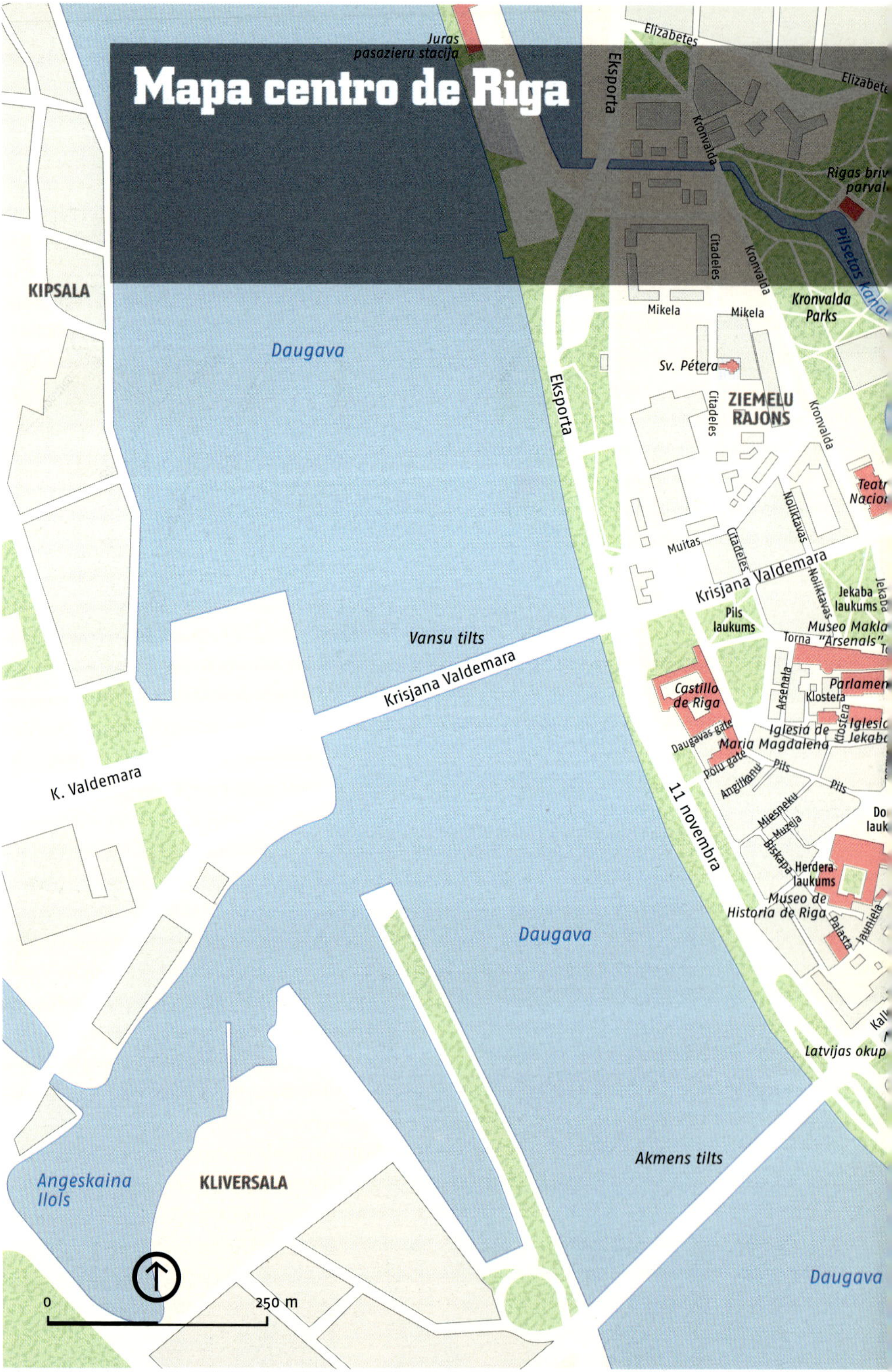

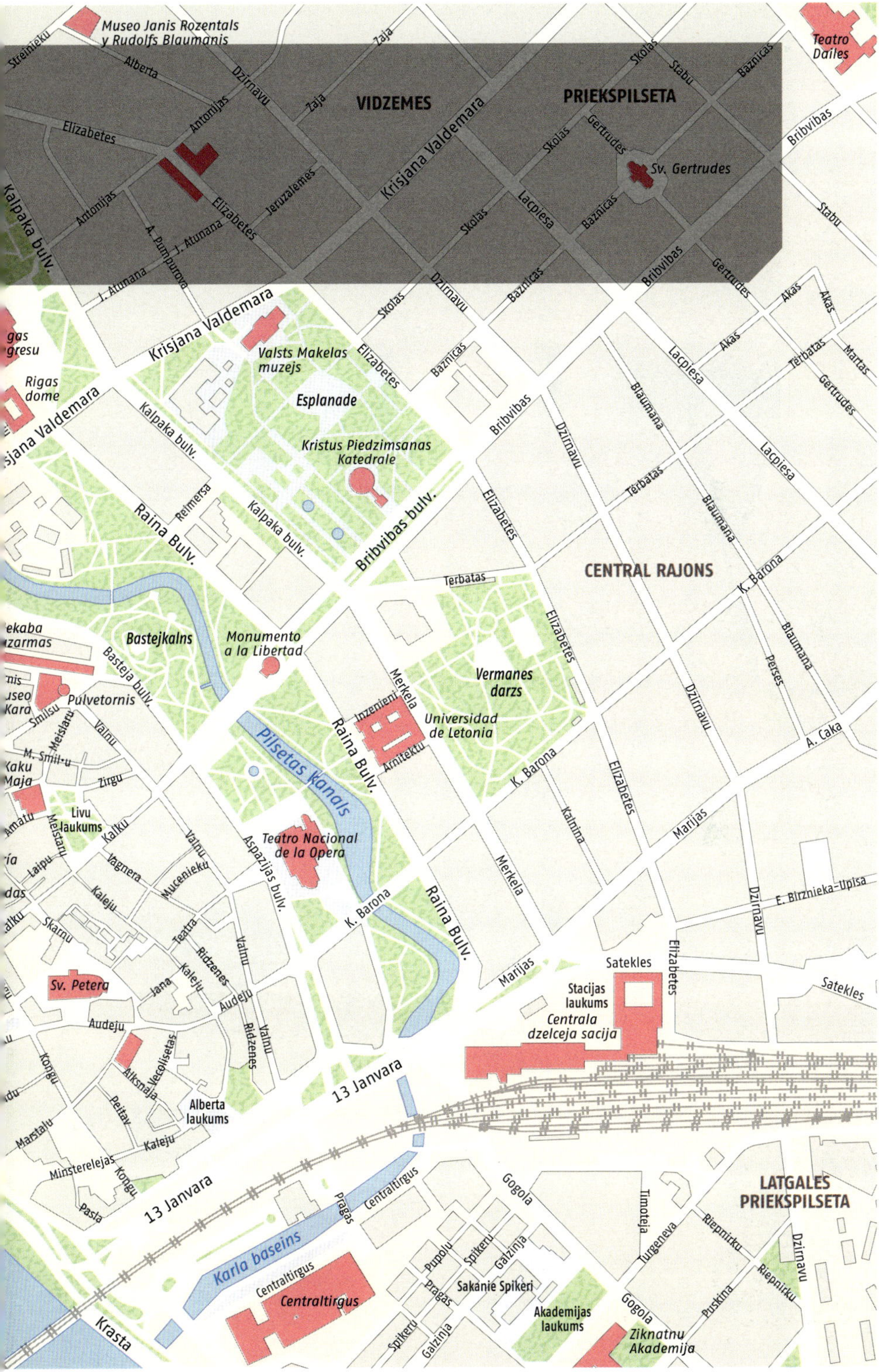

Museo Janis Rozentals y Rudolfs Blaumanis
Teatro Dailes
VIDZEMES
PRIEKSPILSETA
Streinieku
Alberta
Dzirnavu
Zaja
Elizabetes
Antonijas
Krisjana Valdemara
Skolas
Stabu
Baznicas
Gertrudes
Sv. Gertrudes
Bribvibas
Kalpaka bulv.
Jeruzalemes
Lacplesa
A. Pumpurova
J. Atunana
Akas
Terbatas
Martas
Valsts Makelas muzejs
Esplanade
Rigas dome
Kristus Piedzimsanas Katedrale
Blaumana
Reimersa
Raina Bulv.
Bribvibas bulv.
CENTRAL RAJONS
K. Barona
Bastejkalns
Monumento a la Libertad
Basteja bulv.
Pulvetornis
Merkela
Vermanes darzs
Inzenieru
Universidad de Letonia
Arnitektu
Perses
A. Caka
Pilsetas kanals
Smilsu
Meistaru
Valnu
M. Smil-u
Zirgu
Livu laukums
Kalku
Amatu
Teatro Nacional de la Opera
Aspazijas bulv.
Kalnina
Marijas
Vagnera
Mucenieku
Kaleju
Laipu
Skarnu
Teatra
Ridzenes
E. Birznieka-Upisa
Jana
Sv. Petera
Audeju
Satekles
Stacijas laukums
Centrala dzelceja sacija
Vecpilsetas
Alksnaja
Kungu
Alberta laukums
13 Janvara
Peitav
Marstalu
Minsterelejas
Pasla
LATGALES PRIEKSPILSETA
Gogola
Timoteja
Centraltirgus
Pragas
Karla baseins
Pupolu
Spikeru
Galzinja
Turgeneva
Riepnirku
Sakanie Spikeri
Akademijas laukums
Puskina
Krasta
Ziknatnu Akademija

5 paseos por Riga

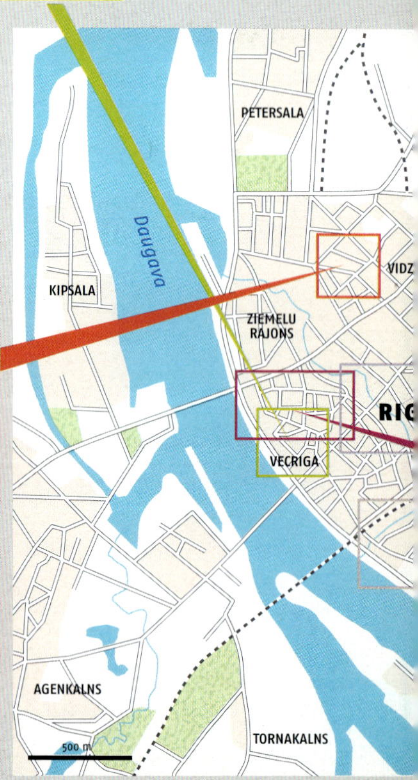

EO 5
Pragas
Centraltirgus
Mogola
Timoteja
Dzirnavu
Riepnirku
Turgeneva
Pupolu
Spikeru
Galzinja
Sakanie Spikeri
Akademijas laukums
Ziknatnu Akademija
Puskina
LATGALES PRIEKSPILSETA
Maskavas
Elijas
Jezusbaznicas
Iglesia de Jesús
Sinagoga Coral
PASEO 3
Raina Bulv.
Bribivbas bulv.
Terbatas
Elizabetes
Merkela
Bastejkalns
Monumento a la Libertad
Basteja bulv.
Vermanes darzs
Inzenieru
Universidad de Letonia
Arniteku
Pilsetas kanals
Valnu
Zirgu
Kalku
Vagnera
Mucenieku
Teatra
Aspazijas bulv.
Teatro Nacional de la Ópera
K. Barona
CENTRAL RAJONS
Kalnina
Marijas
50 m
Krisjana Valdemara
Pils laukums
Citadeles
Noliktavas
Jekaba laukums
Jekaba
Basteja bulv.
Bastejkalns
Torna
Museo Maklas "Arsenals"
Jekaba Kazarmas
Troksnu
Tornis
Arsenala
Parlamento
Aldaru
Museo Kara
Pulvetornis
Klostera
Castillo de Riga
M. Troksnu
Iglesia de Maria Magdalena
Iglesia Jekaba
Smilsu
Meistaru
Valnu
Daugavas gate
Polu gate
Pils
Angilkanu
M. Smilsu
Kaku Maja
Zirgu
VECRIGA
Daugava
11 novembra
Miesnieku
Muzeja
Biskapa
Doma laukums
Amatu
Livu laukums
Kalku
Skunu
Catedral de Santa María
Herdera laukums
Laipu
Vagnera
50 m
PASEO 2

Riga en un vistazo

Vecriga, el pulso de la ciudad

Las calles de este barrio, testigos de una historia convulsa, conservan el sabor de una ciudad con solera, en cuyos rincones se ocultan las historias más conmovedoras.
Página 14

La ciudad que pudo ser París

Los parques y los bulevares de Riga tienen plazas de inagotable actividad, con terrazas donde saborear las especialidades gastronómicas y mercadillos donde comprar la típica bisutería de ámbar.
Página 20

Los hitos de la Riga moderna

Una vez desaparecidas las murallas, Riga se ha expandido más allá del canal por zonas ajardinadas y plazas donde se alzan monumentos en recuerdo de su pasado.
Página 26

Riga en 48 horas

Perderse en los rincones de Vecriga. Visitar el Museo del Exterminio. Subir a la torre de la iglesia de San Pedro. Pasear por el parque del Canal. Todo Riga y un fin de semana.
Página 44

Datos útiles

¿Cuál es el mejor local para probar el Bálsamo Negro? ¿Dónde cenar en un ambiente retro-soviético? ¿Qué hotel tiene vistas al Daugava? ¿Cuál es la dirección del circo de Riga?
Página 54

RIGA
EN 2 DÍAS
El Viajero city
RIG

Sumario

RIGA EN DOS DÍAS
Primera mañana

La sección "48 horas" está estructurada en dos mañanas y dos tardes.

Datos útiles

Información para acceder a los lugares de interés, disfrutar de la mejor cocina y encontrar los mejores clubes y discotecas.

5 paseos por Riga

1

PASADO Y PRESENTE

Vecriga, el corazón de la ciudad

Las terrazas animan la plaza de la catedral, corazón de Vecriga –como se conoce popularmente el casco viejo–. Sentado en una de ellas, se descubre el revelador presente de la más cálida de las capitales bálticas, y caminando por las calles adyacentes, Jauniela y Palasta, su complejo y fascinante pasado.

La ruta empieza en la plaza de la catedral de Santa María ❶, corazón de Vecriga. Si se viaja en verano, sin duda la mejor opción es sentarse en alguna de sus terrazas –la del B-Bars es la que está más de moda– y probar la excelente cerveza del país, entre cuyas marcas más populares se encuentran Aldaris y Cesu. Así, además de observar la ecléctica belleza de sus edificios –medievales, renacentistas y de los años treinta–, se puede tomar el pulso de la ciudad. Asombra, por ejemplo, el contraste entre los jóvenes, con tejanos a la última comprados en Zara o Mango, y los mayores, con ropas que parecen nostálgicamente comunistas.

Viendo a la gente que entra o sale por alguna de las siete calles que confluyen en la plaza se tiene la sensación de que ha estado siempre aquí, pese a ser relativamente reciente. Fue construida a principios del siglo XX para habilitar un espacio a los numerosos feligreses que congregaba la catedral mediante el expeditivo método de derruir los edificios circundantes. Y, más tarde, cuando terminaba la II Guerra Mundial, fue ampliada por las bombas *amigas* de los soviéticos.

Después de saborear la cerveza, dos pasos hasta el centro de la plaza. Allí, el disco de bronce que conmemora la inclusión del casco antiguo en el Patrimonio de la Humanidad, por declaración de la Unesco –honor, por cierto, que ciertos excesos en las

↑ **La catedral de Santa María.** Tan antigua como la ciudad, esta catedral, en la que conviven diversos estilos arquitectónicos, fue utilizada como sala de conciertos durante los tiempos del comunismo.

← **Callejuelas con antiguas casas pintadas de alegres colores.** Hay rincones de Vecriga en los que no parece haber pasado el tiempo.

Las terrazas de la plaza de la catedral son el mejor lugar para conocer Riga. En ellas, además de cerveza, se encuentra el pasado y el presente de esta ciudad.

más recientes remodelaciones han puesto en peligro—, es en realidad, una señal para los cazadores de fotografías. Indica el único punto desde el cual pueden verse las cuatro torres más altas de la ciudad.

El camino más largo

Para llegar hasta la catedral es aconsejable tomar el camino más largo. Si en lugar de bajar por Biskapa, donde se encuentra la puerta de entrada, se toma Jauniela ❷, se podrán visitar rincones donde la convulsa historia de una ciudad, que pronto cumplirá ochocientos años, guiña un ojo al paseante sin prisa y con curiosidad.

En el número 22, aquellos que estén interesados en la historia letona —o europea— reciente pueden visitar el Museo de las Barricadas de 1991 ❸. Este museo, que muestra el difícil camino que recorrió Letonia hasta independizarse de la Unión Soviética, está dedicado a los letones que, desde todo el país, acudieron a Riga para alzar barricadas ante el Parlamento, asediado por el ejército rojo. En el 25-29 de esta misma calle hay una muestra de romanticismo historicista: un edificio obra del arquitecto Wilhelm Bockslaff que, construido en 1903, destaca por la cabeza coronada por un sol en la fachada.

Ya en Palasta ❹, en el número 9, se encuentra el palacio con el que la ciudad conquistada ofrendó al zar ruso Pedro el Grande. Este edificio, después de ser construido en el siglo XVII, ha sido reconstruido en tres ocasiones, pero conserva intactas sus leyendas. Se dice que en él pernoctó la mítica zarina Catalina la Grande o que la casa de carruajes que había —y todavía hay— enfrente proporcionó al zar Pedro el mejor de sus cocheros.

Pero, sin duda, el lugar más interesante de esta calle es el Museo

El Palasta fue ofrecido a Pedro el Grande y se cuenta que aquí pernoctó Catalina la Grande.

de la Historia de Riga y de la Navegación ❺, en el número 4. Situado en el claustro románico contiguo a la catedral, este museo es el más antiguo de la ciudad –fue inaugurado en 1773–, y propone un recorrido desde la Edad del Bronce hasta la actualidad, documentado con viejas armas, la espada de un verdugo o la mano momificada de un ladrón. El claustro –magnífico– ofrece algunas curiosidades al margen del museo: la veleta de cobre que en 1595 giraba en lo alto de la catedral, una enorme roca que, se cuenta, pertenecía a un ídolo pagano –el cristianismo tardó en llegar a estas tierras, no lo hizo hasta el siglo XIII–, o una piedra bautismal del siglo XI que perteneció a la primera iglesia levantada en Letonia.

Amalgama de estilos

Después de haber comprobado hasta qué punto llegó a ser ambiguo el límite que separaba el cristianismo del paganismo en esta ciudad, bastan dos pasos para llegar a la plaza Herder ❻, desde donde, ahora sí, se accede a la catedral. Pero antes, los aficionados al pensamiento pueden rendir homenaje al busto del filósofo Johan Gottfried Herder, que preside la pequeña y encantadora plaza, como si todavía esperara a los alumnos que acudían a sus clases en la Universidad de Riga (vivió en la ciudad desde el año 1764 al 1769).

Levantada sobre tierra bendecida en el año en que se fundó la ciudad –1211–, la catedral de Santa María ❼ fue un *work in progress* (obra en curso) de cinco siglos, de ahí la amalgama de estilos que la componen: el románico de la parte este, la torre barroca y el gótico de

DOS CORRIENTES

Riga *nouveau*

El *art nouveau* en Riga se asoció a una doble corriente: el romanticismo historicista, en torno a 1906, y el llamado romanticismo nacionalista, entre 1905 y 1911. Wilhelm Newmann, Wilhelm Bockslaff, A. Vanags y A. Malvess destacan en estas eclécticas derivaciones arquitectónicas.

MAGNIFICENCIA SACRA

El órgano de la catedral

Este órgano, el más grande del mundo cuando se construyó (hoy es el cuarto), no sólo impresiona por su tamaño, también por la calidad de su sonido, que ha sido alabada por los músicos de mayor prestigio.

Este impresionante órgano fue construido en el siglo XIX, en sustitución del antiguo del siglo XVI (cuyas esculturas de madera todavía se conservan y pueden visitarse en el interior de la catedral), gracias a los donativos de sus feligreses, entre los cuales destacó el mismísimo zar de Rusia. Se encargó su construcción a la firma que entonces tenía mayor nombre, la Walcker and Co. of Ludwigsburg; y, para celebrar su estreno, el compositor Franz Liszt compuso una pieza en su honor.

TODA UNA PROEZA DE LA INGENIERÍA MUSICAL. El magnífico órgano de la catedral de Riga cuenta con más de 124 registros y 6.718 tubos.

la remodelación llevada a cabo en el siglo XV. Esta construcción tan dilatada en el tiempo se explica en parte por la envergadura del templo –el mayor de los países bálticos– y en parte por los numerosos incendios de los que ha sido víctima: desde los provocados por la introducción en 1520 de las reformas de Lutero hasta los promovidos por los soviéticos, que hicieron de la catedral una sala de conciertos.

Una vez dentro del edificio, es recomendable olvidarse del reloj y perderse en los detalles ornamentales que decoran su interior. Una opción es seguir las explicaciones de los guías de paraguas rojo y voz queda –que conocen todos los datos (y alguna historia que sólo ellos han oído)–. Otra es curiosear solo entre las inscripciones de las tumbas que pavimentan suelo y paredes siguiendo un orden de importancia social (destaca la de Alberto de Bremen, obispo que ordenó la construcción del templo), el púlpito –de 1741– y, sobre todo, su impresionante órgano, una obra maestra de la ingeniería musical.

Al salir, se puede bajar por la **puerta Biskapa** ❽ hasta el río Daugava, en el que las orillas verdes y las caudalosas aguas preconizan la inmensidad del Báltico. También se puede pasear por Vecriga –edificios del siglo XVII, calles desmoronadas e iglesias apuntaladas– hasta llegar al 22 de la calle Kalku, un local con murales que cantan la vieja revolución comunista. Su especialidad son los *pelmeni*, masa de pan rellena de carne que se sirve frita, hervida o con sopa.

Daugava, así se llama el río que cruza Riga. Sus caudalosas aguas preconizan la inmensidad del Báltico.

LUGARES DE INTERÉS DESTACADOS.

❶ Plaza de la catedral de Santa María ❷ Jauniela ❸ Museo de las Barricadas de 1991 ❹ Palasta ❺ Museo de la Historia de Riga y de la Navegación ❻ Plaza Herder ❼ Catedral de Santa María ❽ Puerta Biskapa.

2

AL NORTE DE VECRIGA

Cuando la ciudad es algo más que un escenario

Desde la animada plaza Livu hasta el bastión amarillo del castillo donde ondean las banderas, Vecriga ofrece sorprendentes detalles al ojo inquieto del viajero. Por ejemplo, la historia de los gatos de Kaku Maja o de los tres hermanos de Maza Pils. Éste es el norte de un centro histórico que, poco a poco, está siendo remodelado.

Igual que las otras dos grandes plazas de Riga, la de la catedral y la del ayuntamiento, la **plaza Livu** ❶ —o de los letones— es fruto de la agitada historia de esta ciudad enclavada entre países beligerantes. Y, como ocurre con las otras dos plazas, hoy nadie parece recordar que ésta no existía antes de la II Guerra Mundial. Es una de las más animadas de la ciudad. En verano se organizan conciertos al aire libre, y es el lugar favorito de los habitantes de Riga para aprovechar un sol que en verano se pone casi a medianoche. Los turistas, además, pueden comprar cuadros, flores, bisutería de ámbar o guantes de lana en sus numerosos puestos callejeros.

Deambulando por este delicioso espacio, quizá apetezca comprar un *pankuki*, tarta típica del país que puede encontrarse en la pastelería que hay en el centro de la plaza. En cualquier caso, no se pueden pasar por alto los dos gatos encaramados en las torres *art nouveau* de **Kaku Maja** ❷ (casa del gato), y que tienen una divertida historia. Por lo visto, el dueño de esta casa, un próspero comerciante letón, indignado porque los comerciantes alemanes no le permitían ingresar en el Gran Gremio, decidió dar la vuelta

↑ **Uno de los dos gatos de Kaku Maja, la casa de los gatos.** Su propietario, al no ser admitido en el Gran Gremio, esculpió los dos gatos en posición de defensa y los orientó hacia el edificio de los mismos.

← **Al sur del barrio de Vecriga,** este restaurante, de decoración soviética, es uno de los más populares de la ciudad.

El Bálsamo Negro de Riga es un licor inimitable: negro, espeso y ácido.

a estos dos gatos para que dieran lo que no es exactamente la espalda a la venerable institución, de magnífica fachada neogótica, que se encontraba, y todavía se encuentra, frente a su casa. Tanto escándalo causó esta decisión que los miembros del Gran Gremio no tardaron en admitir al comerciante letón siempre y cuando los gatos volvieran a su recatada posición inicial, por supuesto.

La torre de la Pólvora

Tomando la calle Miestaru no se tarda en llegar al **Museo Kara ❸**. Este museo, dedicado por entero a la guerra, no tendría mayor atractivo —excepto para las personas dotadas de un peculiar sentido del humor— de no ser por la torre de la Pólvora o **Pulvetornis ❹**. Esta torre, levantada en el siglo XIV y reconstruida en buena parte a mediados del XVII por los suecos, cambió de nombre —antes era conocida como la torre de la Arena— en 1500, cuando empezó a utilizarse como polvorín. Hoy conserva algunas de las piedras originales, así como las marcas de los proyectiles rusos que cayeron en la ciudad en 1710.

Desde la torre de la Pólvora se sale a la calle Torna. En esta calle, a mano derecha, se encuentran las **Jekaba Kazarmas ❺** o barracas de San Jacobo. Construidas en el siglo XVIII, fueron viviendas para soldados hasta principios de los noventa, cuando se reconvirtieron en las tiendas y bares más *cool* de la ciudad. En esta misma calle, a mano izquierda, el **Rigas Balzama Bars ❻** tienta al paseante con un reto: el Bálsamo Negro de Riga. Este licor de 45° —negro, espeso y ácido— se produce en Letonia desde que en 1752 lo creara el farmacéutico Abraham Kunze. Su receta, emulando a la de la Coca-Cola, sigue siendo un

TROKSNU

Una calle encantadora

Siendo una de las calles más encantadoras de Riga, su nombre —algo así como calle ruidosa— hace referencia a un pasado más bien canalla. En la Edad Media, se concentraban multitud de tabernas y burdeles, cuyos clientes, como cabe imaginar, no eran precisamente silenciosos.

secreto celosamente guardado. Sólo se sabe que entre los 14 ingredientes que hacen posible esta "magia negra" hay cáscara de naranja, corteza de roble y flor de tilo.

Con el ánimo levantado, o tambaleante, la ruta se detiene en la **puerta Sueca** 7, la única que se conserva de las ocho que había en la muralla original. Construida en el siglo XVIII para celebrar la inclusión de Riga en el imperio sueco, como atestigua el león, heraldo del rey sueco, que todavía puede verse en la fachada, guarda una historia que podría haber filmado Berlanga. Cuando en Riga había verdugo, éste vivía en el primer piso de la puerta, y, cada vez que había de cortar la cabeza a un condenado, colgaba del alféizar de su ventana una rosa roja. Escalofriante...

Hacia la iglesia Jekaba

Tomando la calle Aldaru se llega a Smilsu, con tantos bancos que hay quien la llama la Wall Street de Riga. Aquí, una breve parada en el número 2, ante el bello edificio firmado por

Esta plaza, antes de la filarmónica, pasó a llamarse Livu, de los letones, con la creación de la República de Letonia. Hoy es una de las más animadas de la ciudad.

CRISTÓBAL EL GRANDE

La leyenda de la fundación de Riga

Hace mucho tiempo, en una cabaña en la orilla del Daugava, vivía Cristóbal el Grande, un hombre muy alto que se ganaba la vida vadeando el río...

Dice la leyenda que una noche el llanto de un niño que llegaba desde la otra orilla despertó a Cristóbal, quien, sin dudarlo un instante, se lanzó al río en ayuda de la desvalida criatura. Cuando cruzaba el río de vuelta, sin embargo, el niño aumentó tanto de peso que Cristóbal a duras penas consiguió alcanzar la orilla. Cansado por tanto esfuerzo, Cristóbal se durmió; y, a la mañana siguiente, en lugar del niño, encontró un saco lleno de oro. Después de la muerte de Cristóbal, este oro sirvió para fundar la actual ciudad de Riga.

LA TALLA DE CRISTÓBAL EL GRANDE. El estilo rústico aunque entrañable de la talla de Cristóbal con el niño recuerda la leyenda que explica la fundación de Riga.

uno de los mayores exponentes letones de arquitectura *art nouveau*, Peksens; y, enseguida, la calle Maza Pils, donde se encuentran las tres casas más antiguas de Riga, conocidas como **los tres hermanos** ❽. En el número 17, la que data del siglo XV, es el mayor; y en el 19, el hermano del siglo XVI, el Museo Letón de Arquitectura, que merece una visita por el interior medieval del edificio.

En dirección al castillo de Riga, vale la pena tomar la calle Pils y desviarse a la derecha por Klostera para plantarse frente al alto campanario gótico de la **iglesia Jekaba** ❾, dedicada a san Jacobo. Siendo hoy católica, esta iglesia fue la primera que ofició, en 1522, una liturgia protestante. En su campana original se pueden leer unas palabras que hoy nos hacen sonreír, aunque fueron inscritas con grave seriedad: "Líbranos, Señor, de los rusos, la fiebre y las plagas".

Frente a esta iglesia, hay un muro "grafiteado" que formó parte de las barricadas de 1991. Y, cruzando la calle, un edificio diseñado en 1863 bajo la inspiración de los palacios florentinos del Renacimiento alberga el Parlamento o **Saiema** ❿.

El castillo de Riga

Bajando por la calle Klostera hasta Pils, y siguiendo por la puerta del Daugava, se llega al puente Akmens. Desde aquí se puede ver el mejor perfil del **castillo de Riga** ⓫, con sus torres amarillas donde ondean las banderas. Quienes estén cansados pueden terminar la ruta aquí mismo, frente al río, repasando la historia de este castillo construido en el siglo XVI por los caballeros cruzados de la Orden de Livona. Otra opción es reponer fuerzas en un lugar muy agradable, ¿quizá una fresca ensalada en el bohemio ambiente del John Lemon, en el 21 de la calle Peldu?

La puerta Sueca, la única superviviente de la muralla original construida en el siglo XVIII, conmemora la anexión de la ciudad de Riga al imperio sueco.

LUGARES DE INTERÉS DESTACADOS.
❶ Plaza Livu ❷ Kaku Maja, ❸ Museo Kara ❹ Pulvetornis ❺ Jekaba Kazarmas ❻ Rigas Balzama Bars ❼ Puerta Sueca ❽ Los tres hermanos ❾ Iglesia Jekaba ❿ Saiema ⓫ Castillo de Riga.

3

EL PARQUE DEL CANAL

El ensanche del siglo XIX

Desde el Teatro de la Ópera hasta el Monumento a la Libertad, en este paseo se recorre el parque del Canal, uno de los hitos de la Riga moderna. Después de casi siete siglos amurallada, los prósperos negocios de la burguesía del siglo XIX permitieron que la ciudad se expandiera. De esta *nueva* ciudad destaca el parque construido alrededor del canal Pilsetas.

La ruta comienza en el Teatro Nacional de la Ópera ❶, imponente edificio que, situado en el bulevar Aspazijas, es considerado uno de los tesoros más apreciados por los ciudadanos de Riga. Muestra de ello es el hecho de que, poco después de la independencia de Letonia en 1991, se iniciara su reconstrucción con dinero de los contribuyentes y donaciones particulares. Pero hoy en día, este teatro no sólo es uno de los puntos centrales de la vida cultural de Riga, sino también un centro operístico de prestigio, en especial desde 1997, cuando empezó a celebrarse en él un festival de ópera que congrega en junio a aficionados de todo el mundo. Dos datos curiosos. En primer lugar: aunque inaugurado en 1863, el incendio causado por una fuga de gas en el sistema de iluminación en 1882 obligó a construirlo de nuevo, utilizando esta vez la luz eléctrica —y con un generador tan potente que daba luz a varios edificios circundantes—. Y en segundo lugar: Richard Wagner fue el director de este teatro durante dos años, y aunque hoy la ciudad le ha rendido justo homenaje dedicándole una calle y un auditorio, en su momento, el genial compositor tuvo tan escaso éxito que, acosado por las deudas, tuvo que huir de manera furtiva en 1839.

↑ **En primer plano, la estatua de una ninfa** sosteniendo una concha, de 1887, año en que se reabrió el majestuoso Teatro Nacional de la Ópera, que aparece en segundo plano.

← **No es un elegante carruaje** de los que paseaban por estos bulevares en el siglo XIX, pero puede ser una experiencia divertida. Al fondo, Milda, el Monumento a la Libertad.

Marcial paso del soldado que guarda el Monumento a la Libertad. El cambio de guardia, cada día, a cada hora, de nueve de la mañana a seis de la tarde, es uno de los reclamos turísticos de la ciudad.

El puente Timm

Después de la visita a la Ópera, el paseo prosigue. Cruzando los agradables y cuidados jardines que la rodean —en verano, llenos de vecinos charlando o paseando—, se bordea una escultura de bronce que representa a una ninfa sosteniendo una concha. Este miembro perdido del séquito de Afrodita llegó a Riga en 1887 para celebrar la reapertura del teatro.

Seguidamente se cruza el canal de Pilsetas por el **puente Timm** ❷, que tiene una divertida historia. Se dice que fue construido con el dinero que legó un profesor universitario al que molestaba que sus alumnos, al llegar tarde a clase, adujeran el largo camino que tenían que recorrer hasta la universidad.

El bulevar de las embajadas recuperadas

Al otro lado del puente, el **bulevar Raina** ❸, el bulevar de las embajadas, que hoy, pasado el tiempo de los *soviets*, ha recuperado el papel que le fue asignado en el siglo XIX. Entre las embajadas destacan la alemana, en el número 13: después de estar abandonada durante casi cuarenta años, ha recuperado a sus antiguos propietarios y, con ellos, su esplendor. También la francesa, en el 9, que ha sido recientemente restaurada siguiendo el modelo de la residencia aristocrática del siglo XIX original.

Quizá apetezca detenerse en alguno de los locales de exquisita decoración que hay en este transitado bulevar, y comer alguna cosa o tomar un café con la lenta dignidad de los habitantes de hace más de un siglo. El lugar más indicado para ello es **Melna Kaka Alus Ordenis** ❹ (la orden cervecera de los gatos negros), en el número 15.

El Memorial de piedra recuerda los cinco civiles asesinados por el ejército soviético el 20 de enero de 1991.

La universidad y la sociedad letona
Otro lugar interesante de este bulevar es la **Universidad de Letonia** ❺, la más prestigiosa del país. Entre sus alumnos destacan varios candidatos al Premio Nobel e ingenieros que participaron en dos de los grandes proyectos del siglo XX, el transiberiano y el canal de Panamá. En la fachada principal de este edificio –construido en 1869 con unos característicos ladrillos amarillos importados de Inglaterra– se contemplan los escudos de armas de las tres principales regiones del país: Vidzeme, Kurzeme y Estland.

Siguiendo el bulevar hacia el este, se pueden ver –de hecho: no pueden no verse– las cinco losas de granito que conforman el **Memorial de piedra** ❻, recuerdo de un hecho histórico trágico: el 20 de enero de 1991, cinco civiles fueron asesinados por un francotirador mientras las fuerzas especiales soviéticas asaltaban el Ministerio del Interior de Letonia en represalia por sus acciones independentistas. Dos de ellos, Andris Slapins y Gvido Zvaigzne, que participaban en el rodaje del documental *Homeland*, de Juris Podnieks –director crítico con el comunismo–, al oír la confrontación, salieron a filmar. Las últimas palabras de Slapins fueron: "Seguid rodando...".

El bastión, el puente y el amor
Desde este conmovedor lugar se divisa ya la **colina del Bastión** ❼, que es como se conocen los únicos restos que quedan de las fortificaciones levantadas en 1860 para proteger las afueras de una ciudad que había renunciado a sus murallas medievales. Después de subir hasta lo alto de este bastión

EXCÉNTRICO

Riga *c'est finit*

Del paso de Richard Wagner por Riga ha quedado en la imaginería popular no una música, sino una imagen: la del compositor acodado en el alféizar de su ventana, fumando en pipa, ataviado con un tocado turco y mascullando insultos contra esta ciudad que nunca llegó a comprender su talento.

FOLCLORE Y DIGNIDAD

La Casa de la Sociedad Letona

Al final de la calle Arhiteky —mirando la universidad, a mano derecha— se encuentra la sede de una de las organizaciones más importantes en la historia de Letonia, la Casa de la Sociedad Letona (Lavietsu Biedribas Nams).

En el siglo XIX, cuando la cultura alemana era signo de prestigio frente a una cultura letona que pasaba por primitiva, esta sociedad organizó los Festivales de Música y Danza de Letonia, un útil instrumento para sentar las bases de la identidad letona. Del actual edificio —reconstrucción del original destruido en un incendio a principios del siglo XX— destacan los frescos de su fachada, inspirados en mitos y leyendas del folclore letón.

LOS BAILES TRADICIONALES, como el de la fotografía, son uno de los signos sobre los que se ha construido la identidad letona.

y contemplar una panorámica del parque —verde vegetación, altos árboles, cristalino canal—, se desciende, sin perder el *pathos* idílico, hasta un puente en cuyas barandillas cuelgan alegres candados de todos los tamaños y colores. En ellos están inscritos los nombres de las parejas que el día de su boda hacen esta ofrenda para garantizar la suerte de su matrimonio. La superstición letona, por cierto, es algo más sufrida, pues señala que la nunca fácil felicidad matrimonial pasa por llevar a cuestas a la novia por todos los puentes posibles del canal: a más puentes, más amor...

Saliendo del parque en dirección al bulevar Brivibas, el **Monumento a la Libertad ❽**, uno de los símbolos de la nación letona. Levantado en el mismo lugar donde se había erigido una estatua del zar Pedro el Grande, perdida durante la I Guerra Mundial, este monumento —que representa a una mujer a la que se conoce como Milda— fue construido en 1935 gracias a donaciones públicas. Su inscripción —"Por la patria y la libertad"— adquirió renovado sentido cuando, en junio de 1987, 5.000 personas se reunieron alrededor, de modo ilegal, para conmemorar las deportaciones estalinistas. No deja de conmover que en este monumento, igual que en otros de la ciudad, todos los días se encuentren flores frescas, de color rojo y blanco. Menos emotivo es el marcial cambio de guardia que cierra esta ruta y que puede verse todos los días a cada hora en punto, desde las nueve de la mañana hasta las seis de la tarde.

Locus amoenus. El parque del Canal responde, especialmente en verano, al tópico clásico de lugar ideal para el descanso.

LUGARES DE INTERÉS DESTACADOS.
❶ Teatro Nacional de la Ópera ❷ Puente Timm ❸ Bulevar Raina ❹ Melna Kaka Alus Ordenis ❺ Universidad de Letonia ❻ Memorial de piedra ❼ Colina del Bastión ❽ Monumento a la Libertad.

4

LA RIGA *NOUVEAU*

Fabulosos ornamentos

A finales del siglo XIX Riga se convirtió en una de las capitales del *art nouveau* o *jugendstil*. Las calles Alberta y Elizabetes concentran fachadas floridas e interiores sinuosos creados por Mikhail Eisenstein, el padre del cineasta soviético.

Antes de iniciar esta ruta —quizá mientras el tranvía 7 se acerca a la calle Alberta desde Vecriga—, conviene hacer un poco de memoria y recordar algo de historia del arte. No hace falta hacer un recorrido exhaustivo de los orígenes y los nombres del *art nouveau* —Bruselas, Victor Horta, etcétera—; basta con recordar que lo que distingue a sus creadores es el deseo de aunar la técnica y el arte mediante nuevos materiales que, junto con espectaculares ornamentos, conformen una nueva concepción del edificio. Así, no sólo violentan las fachadas de sus edificios con una abigarrada imaginería —fabulosos animales, exuberantes motivos florales, dioses clásicos dando la mano a musas fatales...—, sino también sus interiores: sinuosas escaleras, ondulantes habitaciones, frescos marcados por el horror al vacío...

Alberta es nombre de calle

Acostumbrados a la Riga de callejuelas y plazoletas, es notable el contraste con la amplitud señorial de este barrio de Riga en torno a la calle Alberta ❶, que bien puede entenderse como la culminación de los bulevares burgueses iniciados en 1864. En cualquier caso, impresiona adentrarse en esta calle y

↑ **La musa está triste.** Detalle de uno de los edificios de Mikhail Eisenstein en Elizabetes.

← **Sátiro floral en la calle Elizabetes.** La mitología clásica, reinterpretada a partir de una fantasía de corte lúdico, fue un motivo de inspiración del *art nouveau* en Riga.

ver las coloridas y abigarradas fachadas de cinco edificios. Situados uno al lado del otro, en los números 2, 4, 6, 8, y enfrente, en el 13 de esta calle, fueron proyectados por el mismo arquitecto, Mikhail Eisenstein (1867-1921). Eisenstein, llegado de San Petersburgo, se convirtió en el más brillante y activo de los arquitectos que apostaron por la nueva corriente en Riga, y hoy sus obras son uno de los reclamos para visitantes de todo el mundo.

Alberta, 13. La multitud de figuras que bullen en la fachada de este edificio ocultan un pasado oscuro: aquí se instaló una institución secreta del ejército soviético.

El régimen comunista, poco sensible al arte individualista y extravagante del *art nouveau*, no tuvo reparo, una vez finalizada la II Guerra Mundial, en dividir los amplios apartamentos para reconvertirlos en pequeños habitáculos donde vivían familias enteras. Este hecho, unido a que la privatización iniciada con el actual Estado democrático todavía no se ha completado —en ellos siguen viviendo familias en pequeños apartamentos con cocina y baño comunitarios—, explica las fachadas sucias y, en algunos casos, incluso dañadas. Aun así, vale la pena detenerse frente a estas casas y recrearse en sus detalles: caballos alados, efigies de mujeres severas, reyes de gimientes

Hay quien defiende la belleza que encierra el deterioro de algunos de los edificios *art nouveau*.

bocas, ventanas que fingen ser ojos de cerraduras...

Edificios con historia

Siguiendo por la misma calle, en **Alberta, 11** ❷, se halla un edificio que rompe con la tónica modernista de esta calle. Construido en 1908 bajo la dirección del arquitecto letón Eizens Laube, es un ejemplo de romanticismo nacionalista, muy frecuente entre los arquitectos del último periodo del movimiento *nouveau*.

Al otro lado de la calle, en el número 12, se encuentra el **Museo de Janis Rozentals y Rudolfs Blaumanis** ❸, dedicado a estos dos artistas. Rozentals fue un prestigioso arquitecto y decorador; Blaumanis, uno de los más celebrados escritores realistas de Letonia. Entrar en este magnífico edificio no sólo permite descubrir las pinturas de Rozentals y recrear las vidas de estos creadores y sus colegas —entre los cuales, el arquitecto Laube—, sino, sobre todo, deslumbrarse ante uno de los más impresionantes interiores de *art nouveau*, las ondulantes escalinatas con los geométricos frescos que fueron restaurados en 2005.

Cruzando de nuevo la calle —este zigzag hubiera gustado, seguro, a los arquitectos *nouveau*—, llegamos a **Alberta, 13** ❹. Edificio diseñado por Eisenstein y terminado en 1904, es un perfecto ejemplo de *horror vacui*. En su fachada viven figuras que parece que de noche organicen bailes de máscaras, tanta vida hay en sus trazos. Cabe señalar que la embriagadora belleza oculta, en este caso, una historia oscura: este edificio fue la sede

EDIPO CINEASTA

Dos Eisenstein, dos artes

Muchos de los edificios modernistas de Riga fueron ideados por Mikhail Eisenstein, padre del mítico cineasta Sergei Eisenstein (director de *El acorazado Potemkin*, 1925), quien decía, a quien le preguntara, que los edificios de su padre eran de crema: la áspera estética de sus filmes poco tenía que ver con los coloridos edificios de su progenitor.

STRELNIEKU IELA

Una calle, tres edificios

Como en otros barrios de Riga, se pueden encontrar edificios de estilos arquitectónicos muy diferentes conviviendo en perfecta armonía.

En el número 1 de la calle Vilandes se puede visitar uno de los últimos edificios de estilo ecléctico construidos en Riga. Si bien su fachada combina el rococó y el Barroco, su interior responde al *art nouveau*.

En el número 4, un edificio que todavía conserva influencias de la nueva corriente. El relieve de una mujer con los ojos cerrados es su elemento más ponderado. Finalmente, en el número 10, otro magnífico ejemplo de la conjunción de estilos arquitectónicos. Si la entrada es *art nouveau*, hay en él ecos del Renacimiento alemán, y en los sátiros danzando con una mujer, puede adivinarse un homenaje a los frescos de la primitiva cultura minoica.

DECORACIÓN ABIGARRADA. Relieves de carácter humano y detalles florales y vegetales se funden para enriquecer las fachadas de muchos edificios *art nouveau*.

de una institución secreta del ejército soviético.

Elizabetes, del azul al ruso

Saliendo de Alberta por Antonijas se llega fácilmente a la calle Elizabetes, donde se encuentran tres significativos edificios de Eisenstein. El primero, en Elizabetes, 10b ❺, destaca por los azulejos que cubren su fachada, así como por las dos cabezas humanas que, coronando el edificio, flanquean las plumas abiertas de un pavo real. Según los expertos, éste es uno de los mayores logros de la imaginación de Eisenstein y, también, del *art nouveau*. En frente, Elizabetes, 10 ❻, otra obra maestra de Eisenstein. Construida en 1903, igual que su vecino, la fachada de este edificio regala dos raros detalles: el sol antropomorfizado bajo el balcón y las ventanas circulares a pie de calle. La última casa de esta ruta, también en la calle Alberta, es una creación algo primeriza de Eisenstein. Situada en Elizabetes, 33 ❼, destaca por la escultura de Atlas que finge sostener los balcones.

Si después de este paseo uno todavía tiene mono de *art nouveau*, lo mejor es quedarse a comer muy cerca de Elizabetes. En el número 8 de Antonijas se encuentra el Tratktieris ❽, que pasa por ser el mejor restaurante ruso de la zona. Pero en el Tratktieris no sólo la comida es un lujo, también lo es el edificio, obra del arquitecto letón Pekens, y su ornamentación, que corrió a cargo, cómo no, de Mikhail Eisenstein.

Azul eléctrico. Los azulejos, así como las dos cabezas humanas que coronan el edificio flanqueando las plumas abiertas de un pavo real, son los elementos más llamativos del 10b de Elizabetes.

LUGARES DE INTERÉS DESTACADOS.

❶ Calle Alberta ❷ Alberta 11 ❸ Museo de Janis Rozentals y Rudolfs Blaumanis ❹ Alberta 13 ❺ Elizabetes 10b ❻ Elizabetes 10 ❼ Elizabetes 33 ❽ Tratktieris.

5

EL PEQUEÑO MOSCÚ

Los resabios de la era soviética

Maskavas Forstate no suele figurar en los mapas turísticos, pero vale la pena adentrarse en sus calles para ver llamativas iglesias, arquitectura de madera, restos de la cultura judía aniquilada por nazis y *soviets* y tener la sensación de que ésta es la última fotografía al mundo comunista que dejó de existir a finales del siglo XX.

La primera parada de este paseo es el Centraltirgus ❶ o Mercado Central. Con 15.000 metros cuadrados de superficie, es uno de los mayores mercados de toda Europa. Visto desde Janvare leia —la frontera con el delicado casco antiguo de Riga, al otro lado del canal Karla—, este enorme edificio de color negro llama inevitablemente la atención. Construido en los años veinte del siglo pasado (de 1924 a 1930) con cinco de los hangares en los que los alemanes construyeron zepelines durante la I Guerra Mundial en Vainode, incorporó las tecnologías más avanzadas del momento, como las cámaras de refrigeración subterráneas a las que se puede acceder mediante ascensor.

Una vez en el mercado, sin embargo, no atrae tanto su inmenso interior —en el que se acumulan puestos de carne, verduras, frutos secos, pescado...— como los puestos de su exterior. En ellos, además de algunos productos de temporada (las mandarinas son deliciosas), se puede rebuscar entre las ropas de estética soviética y, si a uno no le da vergüenza jugar a los disfraces, ataviarse con ellas. Sombreros de fieltro años cuarenta, abrigos de atrevidas solapas, guantes negros *a la Stasi*, o bufandas de un color verde pistacho. También se pueden comprar cosas insospechadas, como una cabeza de cerdo, CD inverosímilmente

↑ El Empire State de los proletarios. Así se se conoce la Academia de las Ciencias, uno de los últimos símbolos del poder soviético que quedan en Riga.

← En el Mercado Central todo parece haber ocurrido hace veinte años. Antes que pintoresco, resulta fascinante.

Las *colonizaciones* que ha sufrido Riga quedan patentes en el Pequeño Moscú.

baratos o cachivaches cuya utilidad resulta difícil de adivinar... Sólo una advertencia: acostumbrado al tono seco aunque cordial de los comerciantes y camareros del centro, pueden llegar a asustar o molestar las miradas hurañas que los vendedores reservan a los extranjeros. Sin embargo, esta gente de apariencia ruda no desdeña los lats que puedan desembolsar los turistas. Resulta una muy recomendable experiencia, pues, pasear por este zoco de otro tiempo, en el que uno duda de qué le suena la viejecita que vende despertadores a cuerda. ¿La leyó en una página de *La madre* o la vio en un fotograma de *Iván el Terrible?*

Academia de las Ciencias

Zambullida en esta otra Riga después de pasear por el mercado, la ruta prosigue por la calle Centraltirgus —a la izquierda del mercado mirando al río— hasta Sikeru, la calle que hay detrás del mercado. En los números 1 y 8 de esta calle se encuentran los ejemplos más característicos de los Sakanie Spikeri ❷, los almacenes rojos, llamados así no porque guarden alguna relación con los comunistas, sino por los ladrillos rojos con los que fueron construidos.

Siguiendo Sikeru hasta Pragas Elijas, se encuentra el siguiente punto de esta ruta, la Ziknatnu Akademija ❸ o Academia de las Ciencias. Este edificio fue construido en la década de los cincuenta del siglo pasado en honor a Joseph Stalin, y

LA FE ORTODOXA

La iglesia de la Anunciación de la Virgen María

De madera pintada de amarillo, verde y azul, la iglesia Marijas pasludinasanas baznica (su nombre letón) fue construida en 1818. Si se llega a hora de misa, adentrarse en el rito de voces graves y sotanas relucientes puede resultar una experiencia interesante.
Calle Mogola, 7.

Los cinco hangares del Mercado Central, traídos de Vainode, donde construían zepelines, contrastan con las agujas de la vieja Riga.

es uno de los últimos símbolos del viejo Estado que se mantiene en pie en Riga. La leyenda dice que fue construido con toda la pompa bajo el nombre de Casa de las Granjas Colectivas, pero que, en realidad, nadie sabía exactamente qué quería decir eso, ni, mucho menos, qué funciones debía ejercer... *Se non è vero, è ben trovato:* una irónica parábola para explicar la deshumanización a la que se vio abocada la utopía comunista... Una curiosidad: acercándose al edificio, pueden verse las hoces y los martillos que decoran su fachada.

Si se han comprado frutas o frutos secos en el mercado, la plaza de la Akademija ❹, frente a este edificio, es un buen lugar para tomarlos y descansar. Al frente, empieza a asomar el Pequeño Moscú. Este barrio, que desde el siglo XVII agrupaba a la comunidad rusa de Riga, albergó, después de que la II Guerra Mundial convirtiera a las repúblicas bálticas en provincias de la Unión Soviética, a miles de inmigrantes rusos que buscaban una vida mejor. Hoy, sin embargo, el barrio está lejos de prometer prosperidad. Paradójicamente, el hecho de que el Estado letón proteja su arquitectura de madera del siglo XIX, junto al elevado precio de su mantenimiento de la misma, da como resultado un ambiente más bien degradado. Malas lenguas aseguran que al Gobierno letón no le preocupa especialmente la suerte de una comunidad que, de ser la que imponía las leyes y la cultura, representa un elevado tanto por ciento de población —más de un 40%— que no parece dispuesto a adaptarse a la nueva situación. Las transiciones, lo sabemos, no son fáciles.

Ortodoxos, judíos y cristianos

Atentos a los matices de este barrio —las tiendas, la gente, las casas de madera—, nos adentramos por Turgeneva hasta Mogola ❺, donde,

EL CENTRO RECREATIVO LIDO

Un molino sorprendente

Lo que en otro tiempo fue un molino de viento de grandes proporciones es hoy un lugar para el ocio.

Si, una vez terminado el paseo, no apetece volver hasta la vieja Riga para comer, la mejor opción es adentrarse algo más en la Riga rusa y llegar hasta este centro de juegos. Desde la iglesia de Jesús, es fácil llegar: basta con seguir Jezusbaznicas hasta el río y coger en Maskavas el tranvía —el 7 o el 9—. La parada no es otra que Lido Atputas Centrs, es decir: el Centro Recreativo Lido. En este gigantesco molino de viento de tres plantas se sirve auténtica comida letona. Y, por supuesto, cerveza. Los comedores, además, suelen estar animados por música popular. Si se viaja con niños, éste es un buen lugar para llevarlos ya que, en el exterior, hay varias atracciones para ellos.

NO ES UN GIGANTE. Es un molino de viento, y alberga un popular restaurante. De noche, sus radiantes luces sorprenden al viajero.

en la esquina con Jezusbaznicas, puede verse la iglesia de Jesús 6 (Jezus baznica). Además de por su peculiar torre octogonal —la más alta construida en madera de Letonia—, esta iglesia destaca por su casi rocambolesca historia. El edificio original no sobrevivió dos décadas antes de que, en 1658, fuera derruido por el zar Alexis Mihailovich en su intento de conquistar una Riga que entonces estaba en manos de los suecos. Después de ser reconstruida treinta años más tarde, en 1688, no pasaron doce años antes de que los hombres de otro zar, Pedro el Grande, la quemaran de nuevo. La tercera iglesia construida en este lugar no tuvo mejor suerte. Si cabe, la tuvo peor: fue quemada por los mismos habitantes de Riga al llegar la noticia de que se acercaba el temible ejército de Napoleón. Napoleón, sin embargo, nunca llegó, y el oficial responsable del error se suicidó.

Volviendo a Gogola y girando a la derecha hasta Dxirnavu, se encuentran las ruinas de la sinagoga Coral 7, Die Greise Hor Shul. Aquí la historia es más reciente y no permite ironías. Además de las tristes ruinas, hay un monumento que recuerda la atrocidad acontecida en este lugar el 4 de julio de 1941. Las tropas nazis metieron en este edificio a más de trescientos judíos que habían hecho prisioneros en su avance hacia Rusia, y lanzaron granadas al interior del edificio, con lo cual no hubo supervivientes.

Para volver a Vecriga: Gogola hasta Turgeneva y, al llegar a Maskavas, girar a la derecha. A unos cien metros, hay una parada de los silenciosos tranvías que recorren la ciudad. El número 7 llega a la zona de la Ópera en menos de diez minutos.

La arquitectura de madera del Pequeño Moscú, precaria y preciosa.

LUGARES DE INTERÉS DESTACADOS.
1 Centraltirgus 2 Sakanie Spikeri 3 Ziknatnu Akademija 4 Plaza de la Akademija 5 Mogola 6 Iglesia de Jesús 7 Sinagoga Coral.

Riga en 48 horas

Primera mañana

8.00

CATEDRAL DE SANTA MARÍA

Esta catedral, tan antigua como la ciudad, es el lugar más apropiado para empezar a conocer Riga. Desde que se inició su construcción por orden del obispo Alberto de Bremen en 1211, ha sido ampliada y reconstruida en diversas ocasiones. De ahí que en el actual templo convivan el románico con el gótico y el barroco. **Llaman la atención las lápidas que pavimentan el suelo y las paredes;** pero, sobre todo, su órgano, que en el momento de su construcción, en el siglo XIX, fue el mayor del mundo y actualmente es el cuarto. Aunque el Estado soviético lo reconvirtió en sala de conciertos, desde los años ochenta se celebran misas católicas.

✉ Plaza de la Catedral.

9.00

CASTILLO DE RIGA

Este castillo fue construido en 1330 por la Orden Livonia, como residencia del maestre de la Orden. En 1484, una revuelta popular destruyó el edificio original, y no fue reconstruido hasta 1515. Durante el siglo XVIII el gobernador ruso estableció en él su residencia. Hoy en día, igual que sucedió durante el periodo de entreguerras, alberga las oficinas del presidente de la República letona. Ha sido, pues, siempre el lugar donde ha residido el poder de la capital de esta pequeña República báltica. **Sorprende el contraste que existe entre los muros amarillos de sus torreones medievales y su interior, que fue reformado según los criterios estéticos de los arquitectos soviéticos.**

✉ Pils, 3.

10.00

CRISTÓBAL EL GRANDE

Actualmente es una escultura conmovedoramente ruda que representa a un gigantón con cara de buena persona que, apoyado sobre un tronco, sostiene sobre el hombro izquierdo a un niño de angelical cara; pero hace ochocientos años, dicen, en su lugar estaba la cabaña donde vivía Cristóbal el Grande. **Según la leyenda, una noche éste oyó el llanto de un niño al otro lado del río, y acudió en su rescate.** Al volver, el niño aumentó tanto de peso que a poco estuvieron de ahogarse. A la mañana siguiente, en lugar del niño, Cristóbal encontró el saco lleno de monedas de oro que, a su muerte, sirvió para fundar esta ciudad báltica.

✉ 11 noviembre, 35.

11.00

LOS TRES HERMANOS

Estas tres pintorescas casas se han convertido en una de las postales más vendidas en los quioscos de Riga. **Considerados los edificios de viviendas más antiguos no sólo de la ciudad, sino también del país,** son conocidos como "los tres hermanos". La más antigua, del siglo XV, se encuentra en el número 17 de Maza Pils; la más reciente es la que ocupa el número 21 y data del siglo XVIII. La casa del medio, número 19, es, además, el Museo Letón de Arquitectura. Su interior medieval resulta especialmente interesante.

✉ Maza Pils, 17, 19 y 21.
⊙ Museo: de lunes a viernes de 10.00 a 16.00. Entrada gratuita.

12.00

IGLESIA DE SAN JACOBO Y EL PARLAMENTO

La iglesia de San Jacobo fue levantada en 1225 y actualmente es la sede arzobispal católica romana de Riga. Curiosamente, **fue en esta iglesia donde en 1522 se celebró la primera misa protestante en Riga.** Su campanario gótico con campanas exteriores y su campana original —con la inscripción: "Aléjanos, Señor, de los rusos, la fiebre y las plagas"— son sus elementos más destacados. Junto a esta iglesia se encuentra un edificio inspirado en los palacios renacentistas de Florencia. Aunque parezca mentira no es otro que el edificio que alberga el Parlamento de Letonia.

✉ Jekaba, 11.

13.00

LA TORRE DE LA PÓLVORA

Paseando la calle Aldanu, se llega a la única de las ocho puertas originales de la muralla que protegió esta ciudad hasta 1863, la puerta Sueca. Luego, por la calle Torna "una de las más bonitas y más de moda de Vecriga", se llega a la torre de la Pólvora, **antiguo polvorín en cuyos muros pueden distinguirse las cicatrices provocadas por los proyectiles rusos del siglo XVIII.** Para ver el interior de la torre, hay que entrar en el Museo de la Guerra.

✉ Smilus, 20.
⊙ Museo de la Guerra: de 10.00 a 18.00, de miércoles a domingo.
Entrada gratuita.

Primera tarde

14.00
PLAZA DE LOS LETONES

A pesar de que no existía antes de los bombardeos de la II Guerra Mundial, es seguramente **una de las plazas más bonitas de Europa, y desde luego la más popular de Riga.** Su constante actividad hace que sea el lugar favorito de los habitantes de esta ciudad. También los turistas disfrutan comprando cuadros, flores o bisutería de ámbar, típica de la zona. Entre sus casas medievales, destaca la fachada neogótica del Gran Gremio, que conserva una de las habitaciones del edificio original, donde se celebran conciertos de la Orquesta Filarmónica de Lituania y la modernista Casa de los Gatos, de 1909. Antes era conocida como plaza de la Filarmónica: nuevo Estado, nuevos nombres.

✉ Plaza Livu o de los Letones.

15.00
EL MUSEO DE LA OCUPACIÓN

No es casual que el edificio en el que se halla este museo -negro y sin ventanas- inspire sufrimiento y opresión. De hecho, poco después de la independencia de Letonia, se inició un intenso debate para decidir si debía ser reducido o no. Finalmente, se llegó a la conclusión de que esta muestra de arquitectura comunista, tan descarnadamente antihumanizada, era la más indicada para albergar este sobrecogedor museo. **La inscripción anónima que puede leerse en su entrada advierte al visitante de qué le espera: "Nos castigaron por ser humanos".** De visita obligada.

✉ Skarnu, 1.
⏲ de 10.00 a 17.00; lunes, cerrado.
Precio: 2,30 €.

16.00
IGLESIA DE SAN PEDRO

El capitel de esta iglesia se eleva hasta los 123 metros. Merece la pena subir hasta allí arriba —primero en ascensor, hasta los 72 metros, y luego por las escaleras— para disfrutar de las mejores vistas de Vecriga. El capitel original, de 1660, tuvo que ser sustituido en el siglo XVIII a causa de un incendio. El actual, de acero y estilo barroco, es más reciente. Y es que en 1941 tuvo que ser reconstruido a causa de un incendio provocado, según unos, por un ataque del ejército nazi; según otros, del ejército ruso.

✉ Calle Skarnu, 11.
⏲ de 10.00 a 17.00; lunes, cerrado.
Precio: 2,50 €.

17.00
LA PLAZA DEL AYUNTAMIENTO

Esta plaza sufrió los bombardeos de la II Guerra Mundial con devastadoras consecuencias. De hecho, de los edificios que se pueden ver en la actualidad, muy pocos son construcciones de antes de esta guerra. Así, **la muy alabada casa de las Cabezas Negras recrea la original construida en el año 1344, donde se reunía un algo libertino gremio de comerciantes solteros.** La estatua de Roldán –que con su espada regenta la plaza, y sí sobrevivió a la devastadora guerra– es una copia. La original se encuentra en la iglesia de San Pedro.

✉ Plaza del Ayuntamiento.

18.00
PLAZA Y ESTATUA DE LOS FUSILEROS LETONES

No lejos de la plaza del Ayuntamiento se encuentra otra plaza que merece una visita si queremos conocer un poco más de la historia de Riga. Se trata de la plaza de los Fusileros Letones, donde **se alza un monumento de color rojo en honor a los ocho regimientos que, durante la I Guerra Mundial, se enfrentaron al Ejército Imperial Ruso.** En 1917, al estallar la Revolución Rusa, estos regimientos apoyaron a los bolcheviques. Una vez integrada Letonia a la URSS, estos regimientos fueron conocidos como Fusileros Letones Rojos.

✉ Plaza de los Fusileros Letones.

19.00
TRES CALLES HISTÓRICAS

Amatu iela o calle de los Artesanos, Skunu iela o calle de los Campesinos y Tirgonu iela o calle de los Comerciantes. De entre todas las encantadoras calles de Vecriga, es imprescindible pasear, por lo menos, por estas tres que todavía **conservan el nombre de los gremios que había en ellas durante la Edad Media.** Así, si la calle Amatu es el lugar ideal para cenar un tradicional *Uzavas*, la calle Skunu regala al cazador de fotografías la mejor vista de la catedral iluminada. La calle Tirgonu, por su parte, ofrece, entre sus magníficos edificios medievales, animados bares donde tomar la última copa antes de acostarse.

✉ Calles Amatu, Skunu y Tirgonu.

Segunda mañana

8.00
PARQUE DEL CANAL

A mediados del siglo XIX, Riga decidió que había llegado el momento de expandirse más allá de los estrechos límites que marcaban sus murallas medievales. Entre los bulevares y canales que se construyeron entonces, destaca, por su encanto, el parque del canal Pilsetas, construido donde antes estaba el foso defensivo de la ciudad. Quizá una de las mejores maneras de empezar el día sea paseando tranquilamente por estos cuidados jardines. Haciéndolo, llamarán la atención los puentes que cruzan el canal, pues están repletos de candados con nombres inscritos. **Según la tradición esta prueba de amor garantizará la felicidad matrimonial de las parejas que acaban de pasar por el altar.** La tradición letona, por cierto, es más sufrida: exige que el novio cruce tantos puentes como pueda con la novia en brazos.

✉ Canal Pilsetas o parque del Canal.

9.00
TEATRO NACIONAL DE LA ÓPERA

Este edificio es, seguramente, uno de los más apreciados por los habitantes de Riga. Fue construido en 1863, pero un fallo en el sistema de iluminación por gas causó un devastador incendio y tuvo que ser reconstruido en 1882. En esta ocasión la iluminación del edificio hacía servir un sistema eléctrico. Y era tan potente que no sólo iluminaba la Ópera, sino también varios de los edificios circundantes. Otra curiosidad es que el compositor alemán **Richard Wagner dirigió este teatro durante dos años, aunque sin demasiado éxito. De hecho, tuvo que huir de Riga acuciado por las deudas...** Actualmente es uno de los centros culturales de Riga, y acoge un festival internacional de ópera.

✉ Bulevar Aspazijas, 3.

10.00
BULEVAR DE LAS EMBAJADAS

Pasada la era comunista, **este bulevar ha recuperado la función que ejerció durante el siglo XIX, la de alojar las representaciones diplomáticas de los principales países.** Entre las actuales embajadas, destacan la alemana y la francesa. La primera, en el número 13, estuvo abandonada durante casi cuarenta años, aunque hoy ha recuperado a sus antiguos propietarios. La segunda, en el número 9, ha sido restaurada recientemente siguiendo el modelo de la residencia aristocrática del siglo XIX original. Tampoco hay que olvidarse de la Embajada de Estados Unidos. Está en el número 7, y destaca por su aspecto, que recuerda al de una fortaleza.

✉ Bulevar Raina, 9 y 13.

11.00
MEMORIAL DE PIEDRA

Cinco losas de granito conforman este Memorial de piedra que se encuentra en los senderos que rodean el canal Pilsetas. **Este monumento recuerda los sucesos acontecidos el trágico 20 de enero de 1991.** Aquel día, cinco civiles fueron asesinados por un francotirador mientras las fuerzas especiales soviéticas asaltaban el Ministerio del Interior de Letonia en represalia por sus acciones independentistas. Dos de ellos, Andris Slapins y Gvido Zvaigzne, participaban en el rodaje del anexo al documental *Homeland*, de Juris Podnieks, director crítico con el comunismo. Al oír la confrontación, Slapins y Zvaigzne salieron presurosos a filmar la acción represora y fueron abatidos. Las últimas palabras de Slapins fueron: "Seguid rodando...".

✉ Canal Pilsetas.

12.00
LA COLINA DEL BASTIÓN

Esta colina, que de hecho es la única que hay en el plano parque del Canal, **tiene este nombre porque, en 1860, se construyó en ella la única fortificación que podía defender la ciudad de sus frecuentes invasores,** después de que se tomara la difícil, aunque necesaria, decisión de renunciar a las murallas medievales y ensancharse en busca de una modernidad que llegaba de París con promesas de paz y prosperidad. Actualmente quedan sólo los restos de esta fortificación del siglo XIX, pero vale la pena subir hasta ella para –si lo permiten los grupitos de adolescentes que suelen esconderse allí para fumar, besarse y hablar de música– contemplar una vista inigualable de este idílico parque. Un lugar para perderse un rato y alejarse del bullicio.

✉ Canal Pilsetas.

13.00
MONUMENTO A LA LIBERTAD

Uno de los símbolos de la nación letona. Este monumento, al que, por su figura femenina, se llama Milda, fue construido en 1935 con donaciones públicas. Su inscripción –"Por la patria y la libertad"– adquirió un sentido renovado cuando, **en junio de 1987, 5.000 personas se reunieron alrededor, de modo ilegal, para conmemorar las deportaciones estalinistas.** Todos los días se encuentran en él flores frescas, rojas y blancas. Y a cada hora en punto, de nueve de la mañana a seis de la tarde, se puede ver el cambio de guardia.

✉ Bulevar Brivibas.

Segunda tarde

14.00
PARQUES CENTRALES

Estos parques, que son los mayores de la ciudad, se deben, no a la voluntad de algún arquitecto, sino a un error estratégico. Se cuenta que en el año 1812, ante el rumor de que las tropas de Napoleón se acercaban a Riga, se ordenó quemar lo que en aquel entonces eran los suburbios de la ciudad. De este modo, se quería dejar sin avituallamiento a los hombres del ejército francés. Sin embargo, Napoleón nunca llegó a Riga. Y, entonces, el gobernador de la ciudad, un italiano llamado Fillipo di Paulucci, aprovechó la desafortunada iniciativa para encargar el diseño de lo que hoy son los mayores espacios verdes de la ciudad.

✉ Parque Vermanes.

15.00
MERCADO DE LAS FLORES

Según las estadísticas –que siempre señalan verdades *grosso modo*–, los letones son el pueblo que más dinero gasta en flores de toda Europa. No es extraño, entonces, que este mercado, situado en la esquina de la calle Elizabetes con Terbatas, sea tan popular que no pueda cerrar ninguna hora del día, ni tampoco ningún día del año. Realmente, vale la pena disfrutar de los muchos colores, olores y formas de las flores de este mercado. **Ah, y un consejo: si se visita a algún letón, desde luego, es imprescindible llevar flores.** Eso sí: nunca debe llevarse una sola, pues según las costumbres del país estos ramos solitarios deben reservarse para ocasiones luctuosas.

✉ Elizabetes, 35.

16.00
LA CATEDRAL ORTODOXA

De entre los grandes edificios del siglo XIX que se encuentran en los parques centrales –el Museo Nacional de Arte, la Academia de las Artes o el Teatro Nacional, por citar los más característicos–, quizá el más destacado sea la catedral Ortodoxa. Esta edificación fue terminada en 1884, y su construcción se debe al intento del zar Alejandro II de convertir a la población del país que acababa de conquistar y que era mayoritariamente luterana o católica. **El oro de sus torres y el fasto de sus ritos querían ser una muestra del poder y la riqueza que ostentaba la Rusia de los zares, una forma de impresionar a los humildes letones.**

✉ Bulevar Brivibas.

17.00
EL BARRIO DEL *ART NOUVEAU*
Aunque diseminado por toda la ciudad, **el *art nouveau* encuentra sus más celebrados edificios en el triángulo formado por las calles Alberta, Elizabetes y Vilandes.** De entre los arquitectos que hicieron de Riga una de las capitales de ese estilo que conmovió la Europa de finales del XIX y principios del XX, destaca Mikhail Eisenstein (nacido en San Petersburgo), padre del célebre director de, entre otros, *El acorazado Potemkin*, que nació en esta ciudad en 1898. Según los expertos, los edificios de los números 11 y 13 de la calle Alberta, así como el 10a de la calle Elizabetes, se encuentran entre las cimas de esta corriente artística que tan hondo caló en esta ciudad.

✉ Calles Alberta, Elizabetes y Vilandes.

18.00
MERCADO CENTRAL
Construido en los años treinta del siglo pasado aprovechando cinco hangares que, durante la I Guerra Mundial, habían servido para construir zepelines alemanes, este mercado de inmensas proporciones, además de excelentes productos frescos –carne, frutas, legumbres...–, ofrece un variado y sorprendente surtido de ropa y cachivaches: desde sombreros de los años cuarenta hasta cabezas de cerdo; desde abrigos con vistosas solapas años sesenta hasta CD a precios imposiblemente baratos. Remarcable, además, **el ambiente, que es más propio de la etapa comunista** de hace quince años que de la nueva Letonia integrada en la Comunidad Económica Europea.

✉ Calle Pragas, 1.

19.00
ACADEMIA DE LAS CIENCIAS
Este edificio fue levantado en los años veinte del siglo pasado, y fue bautizado como el "Empire State de los pobres". Este nombre, sin duda, es significativo del inicio de lo que sería una confrontación ideológica que se alargaría durante más de setenta años, hasta que, ya en los años noventa, cayó el sistema comunista. Aunque se inauguró con toda la pompa en honor al presidente-dictador Joseph Stalin como la Casa de las Granjas Colectivas, se dice que ninguno de los funcionarios del Estado sabía exactamente qué función tenía. Si uno se acerca, podrá ver que en su fachada se dibujan hoces y martillos. **El último gran símbolo soviético que queda en Riga.**

✉ Plaza Akademijas, 1.

Datos útiles de Riga

Consulta el pronóstico meteorológico en
www.guiacampsa.com
o www.repsolypf.com

Museos

De entre los museos de esta ciudad destaca, sin duda, el de la Ocupación en Letonia, que resulta de obligada visita. Asimismo, merecen una visita el Museo de las Barricadas de 1991, y el de Artes Decorativas y Diseño. El resto de museos, de menor interés en cuanto a su contenido, sin embargo son a menudo la excusa perfecta para visitar el interior de algunos edificios emblemáticos de interesante arquitectura.

MUSEO DE ARTES DECORATIVAS Y APLICADAS

Situado en la iglesia de San Jorge, fue una capilla utilizada por los caballeros cruzados que evangelizaron Letonia. Está compuesto por multitud de piezas interesantes, pero destacan las de cerámica y los tapices.
✉ Skarnu iela, 10.
⏲ de 11.00 a 17.00; lunes, cerrado.
Entrada: 1 €

MUSEO DE ARTE EXTRANJERO

Las obras de arte que conforman la colección de este museo han sido donadas en su mayoría por coleccionistas locales. Abarca el periodo comprendido entre el siglo XV y el XX. Lejos del esplendor de las colecciones de las grandes pinacotecas nacionales, este museo permite descubrir el sorprendente interior del castillo de Riga.
✉ Pils laukum, 3.
⏲ de 11.00 a 17.00; lunes, cerrado.
Entrada: 2 €

MUSEO DE LAS BARRICADAS DE 1991

Dedicado a los letones que, en 1991, acudieron desde todos los puntos del país a Riga para defender el Parlamento de la amenaza del ejército ruso mediante barricadas, este museo muestra uno de los hitos de la historia reciente de Letonia: el difícil camino que recorrió este país hasta independizarse de la Unión Soviética.
✉ Kramu, 3.
⏲ de 10.00 a 17.00, de lunes a viernes; de 11.00 a 17.00, los sábados.
La entrada es gratuita.

MUSEO DE LA HISTORIA DE RIGA Y DE LA NAVEGACIÓN
Se halla en el claustro del monasterio que hay junto a la catedral de Santa María, y es el más antiguo de Riga. Conformado con objetos que ilustran la historia de Riga y de su navegación. Por su extravagancia —algo morbosa—, destaca la mano momificada de un ladrón.
✉ Palasta iela, 4.
⏲ de 11.00 a 17.00, de miércoles a domingo.
Entrada: 1,50 €

MUSEO DE LA OCUPACIÓN EN LETONIA
Situado en un lúgubre edificio que estuvo a punto de ser demolido después de la independencia. Este impresionante museo se propone recordar los horrores que comportaron tanto la ocupación nazi como la soviética en Letonia durante el largo periodo que se inicia en 1940 y se alarga hasta 1991. "Nos castigaron por ser humanos", reza una inscripción anónima en la puerta de acceso.
✉ Latviesu Strelnieku laukums, 1.
⏲ de 11.00 a 17.00; lunes, cerrado.
La entrada es gratuita

Hoteles

Dicen que en Riga hay escasez de plazas hoteleras. Quizá sea cierto. Pero no lo es menos que la ciudad, con una clara vocación turística, está haciendo lo posible para mejorar este sector. Tanto por lo que respecta a la modernización de las plazas actuales como para ampliar la oferta actual de modo que satisfaga a todas las economías. En cualquier caso, se recomienda reservar con suficiente antelación.

HOTEL MARÍTIM
Un lujo reservado a unos pocos. Con todas las comodidades y una relajante vista sobre el parque Uzvaras. Habitaciones dobles desde 149 hasta 385 €. Los precios incluyen desayuno y aparcamiento.
✉ Skolas iela, 1.
www.maritim.lv

IRINA
De buena calidad y con precios bastante razonables. El Irina, situado en un edificio histórico muy cercano a la estación de tren, ha sido recientemente renovado y ofrece comodidades como conexión a Internet o sauna. Además, hay un excelente restaurante en la planta baja. Entre 80 y 100 € la habitación doble con desayuno incluido.
✉ Merjela iela, 12.
www.hotelirina.lv

KARAVELLA
Aunque algo alejado del centro, este hotel se encuentra en la zona del puerto. Con precios que oscilan entre los 63 y los 105 € (con desayuno incluido), es tranquilo

y ofrece todas las comodidades. ¡Hay que pedir una habitación con vistas!
✉ Katrinas dambis, 27.
www.karavella.lv

TIA
A unos diez minutos del centro a pie, este hotel ofrece una excelente relación calidad-precio. Las habitaciones dobles oscilan entre los 60 y los 120 €, con un buen desayuno incluido.
✉ Valdemara iela, 63.
www.hoteltial.lv

EKES KONVENTS
Situado en el mismo lugar donde, en 1435, abrió el primer hostal para viajeros, este hotel mantiene la vieja estructura de largo pasillo con pequeñas habitaciones. Algunas de ellas han sido restauradas con decoración típica de Riga. Los precios son razonables: entre 57 y 71 € la habitación doble, con desayuno.
✉ Skarnu iela, 22.
www.ekeskonvents.lv

VIKTORIJA
Situado en un edificio *art nouveau*, este singular hotel está situado en una de las principales calles de esta ciudad letona. Realmente único. Unos 67 € la habitación doble, con desayuno incluido. ¡Hay que reservar con antelación!
✉ Kaka iela, 55.

Restaurantes

En Riga se puede comer bien además de encontrar todo tipo de especialidades culinarias. Y los precios son más que razonables. Desde un buen número de cafés y restaurantes autóctonos (letones y rusos) hasta comida internacional: pizzerías, comida (más o menos) española o japonesa. ¡La mesa está servida, para todos los gustos!

AI KARAMBA!
A pesar del nombre, este local no es español ni latino. Su decoración estupendamente *kitsch* es inconfundible: sirven la típica comida americana. Se puede comer en este divertido local por 7 €, aproximadamente.
✉ Pulkveta brieza, 2.

ALUS SETA
Aunque es la franquicia de una cadena de restaurantes —Lido—, hay dos buenos motivos para visitar este local. El primero: su emplazamiento, con inigualables vistas a la plaza de la catedral. Y el segundo: sus *shashlik* (pinchos) de pollo, cerdo y guisantes, que puede acompañarse con la cerveza casera de

El lat, la moneda oficial. A la hora de pagar, siempre va bien tener en mente que 1 euro equivale a 0,70 lats.

la cadena. El precio de una comida, realmente asequible: unos 8 €.
✉ Tirgonu iela, 6.

BELLA ITALIA RESTAURANT
Quizá el restaurante italiano con más solera de Riga. Su local, en un encantador rincón de la calle que Riga ha dedicado a Wagner, destaca por su cálida decoración. Además de los abundantes platos de pasta, se sirven *pizzas* y marisco. Una cena ronda los 15 €.
✉ Vagnera iela, 16.

DADA
Original y anárquico restaurante inspirado en el movimiento dadaísta de Tristan Tzara. Cada camarero lleva su propio uniforme, no hay cuchillos ni tenedores y –si bien hay menús para los más *burgueses*– los clientes habituales llevan los ingredientes que el cocinero prepara... Los más atrevidos podrán comer o cenar por unos 12 €.
✉ Audeju iela, 16.

NOSTALGIJA
Situado en la calle que divide la zona norte de la sur de Vecriga, este restaurante destaca por la decoración soviética, recientemente restaurada. La especialidad son los *pelmeni* (pasta rellena de carne) y el caviar. De jueves a sábado a última hora se transforma en una animada discoteca. La cena ronda los 12 €.
✉ Kalku iel,a 22.

VINCENTS
El nombre de este restaurante situado en una de las calles míticas del *art nouveau* es un homenaje al pintor Vincent Van Gogh. Hoy es uno de los más populares de la ciudad, hasta el punto de que ha sido visitado por jefes de Estado y estrellas de cine. Está especializado en comida japonesa. Precios asequibles: a partir de 8 €.
✉ Elizabetes iela, 19.

Cafés con encanto

Rara es la cafetería de Riga que no tenga una cuidada decoración. Además de café o cerveza, en la mayor parte de estas cafeterías se sirve también comida a buen precio. Ojo fumadores: más allá de alguna rara excepción, en las cafeterías no está permitido fumar.

OSIRIS
El lugar ideal para desayunar tranquilamente

o tomar una copa de vino por la noche. Lleva muchos años siendo un lugar de referencia para los habitantes de Riga. De la decoración destacan las excelentes fotografías y las barras de mármol verde.
✉ Barona iela, 31.

ZEN
Salón oriental de té del que llaman la atención los cojines que acolchan el suelo y la luz relajante de las velas. Mientras se observa la meticulosa preparación del té, se puede fumar un *narguile* (pipa de agua).
✉ Stabu iela, 6.

RAMA
Esta pintoresca casa de madera de color rosa y violeta es la cafetería de la Sociedad para la Conciencia de Krishna. Sin embargo,

Antes de abandonar la ciudad de Riga, hay que probar alguna de sus especialidades: los *pelmeni* o el licor de Bálsamo Negro, entre otros.

no hace falta ir con la cabeza rapada ni rezar raras letanías para probar alguno de sus económicos y ricos platos vegetarianos.
✉ Barona iela, 56.

DOUBLE COFFEE
Excelente cadena que ofrece una amplia variedad de cafés, tés e infusiones. También es muy reputado su chocolate a la taza. Además, se pueden comer buenos platos de comida del país a un precio inmejorable. ¡Los hay de 2 €!
✉ Raina iela, 25.

De compras

Riga, abierta hace apenas 17 años a la economía capitalista, ofrece a su visitante un buen número de tiendas, además del Mercado Central y de las tiendas concebidas para que los turistas vuelvan con una prueba palpable de su viaje. Desde un curioso bazar hasta una muy completa licorería.

BERGA BAZARS
A finales del siglo XIX, Kristaps Bergs, el hombre que le da nombre, abrió este mercadillo situado muy cerca de la calle Elizabetes. Aunque fue remodelado en la década de los noventa, conserva su encanto original. Vale la pena darse una vuelta por su laberinto de tiendas.
✉ Dzirnavu iela, 84.

NORDWEAR
Una tienda para comprar *souvenirs* que no sean los más típicos. Aquí se venden divertidos jerséis con motivos letones y otros llamativos recuerdos. Por cierto, quien la regenta no es letón, sino un australiano enamorado de esta ciudad.
✉ Kalku iela, 2.

LATVIJAS BALMAS
Esta tienda es la más indicada para los aficionados a los buenos licores. Destaca el licor autóctono *balzam*, aunque tienen muchos otros.
✉ Barijas eila, 1.

CENTRS UNIVERSALVEIKALS
Si bien desde los años noventa los grandes centros comerciales de estilo occidental han proliferado en los barrios de la Riga moderna, éste es el único que se encuentra en el casco antiguo.
✉ Audeju iela, 4.

SKTA
Riga tiene innumerables tiendas de artesanía y de su reputado ámbar en sus calles. Cualquiera de ellas puede satisfacer al viajero que busca productos típicos del país, proponemos ésta con gran variedad de productos y precios razonables.
✉ Aspazijas iela, 30.

JANA ROZES
Una librería con dos sucursales que puede resultar atractiva para el visitante que sepa leer en inglés. Tienen una buena selección de literatura

clásica y novelas actuales, así como libros sobre Riga y Letonia. Además, los más atrevidos se pueden comprar CD para aprender letón.
✉ Elizabetes iela, 85.
✉ Barona iela, 5.

Niños

Letonia, siguiendo la tónica general de las repúblicas que en su día conformaron la Unión Soviética, es uno de los países con menor índice de natalidad de todo el mundo. Si se viaja a Riga con niños, pues, habrá que recurrir a los parques que rodean Vecriga –en verano se pueden alquilar barcas en el Mezaparks– y a los pocos pasatiempos que se reseñan a continuación.

CIRCO DE RIGA
Instalado de modo permanente en la ciudad, este circo llama la atención por los divertidos caballitos de su fachada. Cerca del parque Central.
✉ Merkelea iela, 4.
⏲ de viernes a domingo durante los meses de octubre a abril.

Entrada: de 1,50 a 4 € por persona
cirks.lv/index-en.shtml

ZOO NACIONAL DE RIGA
¿Es necesario viajar hasta Riga para acabar en un zoo? Viendo los leones, las cebras y camellos de éste, más de un adulto puede hacerse esta pregunta. Los niños, en cambio, estarán encantados.
✉ Meza porspekts 1.
⏲ de 10.00 a 18.00.
Entrada: 4 €

MUSEO DE LOS BOMBEROS
En este museo se pueden ver –¡pero no tocar!– coches de bomberos, uniformes y fotografías antiguas del cuerpo de bomberos de Riga. Seguro que algún padre disfrutará tanto o más que sus hijos.
✉ Hanzas iela, 5.
⏲ de 10.00 a 17.00, de miércoles a domingo.
Entrada: 0,50 €

Ocio nocturno

Los letones tienen fama de buenos bebedores y grandes juerguistas. La noche de esta ciudad

confirma la fama. Si uno pasea por sus calles después de cenar, encontrará muchos locales con ambiente relajado y divertido. ¡Vale la pena conocerlo!

RIGA BALZAMS
El licor Bálsamo Negro de Riga es una de esas cosas que uno tiene que probar para poder decir que ha estado en la ciudad báltica. Este local de cálido ambiente reúne desde ejecutivos hasta turistas. Todos dispuestos a pasarlo en grande.
✉ Torna iela, 4.

B-BARS
La decoración es muy elegante con sofás y butacas de cuero marrón. Está muy de moda. También sirven el licor Bálsamo Negro de Riga, además de elaborados cócteles.
✉ Doma laukums, 2.

GROKS
Decorado como si fuera un tren soviético de hace años, con un *dj* en la cabina del conductor, este bar es muy popular entre los jóvenes. La fiesta se alarga hasta bien entrada la noche.
✉ Kalku iela, 12.

VOODOO
En el interior del Reval Hotel Kavjia, este club de ambientación africana está pensado para gente con dinero. Lo frecuentan, sobre todo, gente adinerada del país y expatriados.
✉ Elizabetes, 55.

NAUTILUS
Decorado como si fuera el interior de un submarino –el *Nautilus*, claro–, este local está dotado con un *chill-out* con cómodos sofás rojos y una pista de baile algo alocada.
✉ Kungu iela, 8.

Riga gay

Aunque la cerrada mentalidad comunista, unida a los Gobiernos conservadores que mayoritariamente han regido Letonia desde su independencia, no han facilitado las cosas, Riga ofrece algún local para gays y lesbianas.

XXL
Éste es el único club gay de Riga. Quien consiga pasar el exagerado control de los porteros, accederá a una discoteca siempre atestada –la pista de baile, y también los cuartos oscuros–. Para gays y lesbianas.
✉ Kalnina iela, 4.

PURVS
Purvs significa "ciénaga". Así se presenta este local de ambiente de Riga. Aunque los controles no son tan férreos, el ambiente es igualmente relajado y divertido. Con espectáculos en vivo los fines de semana.
✉ Matisa, 60-62.

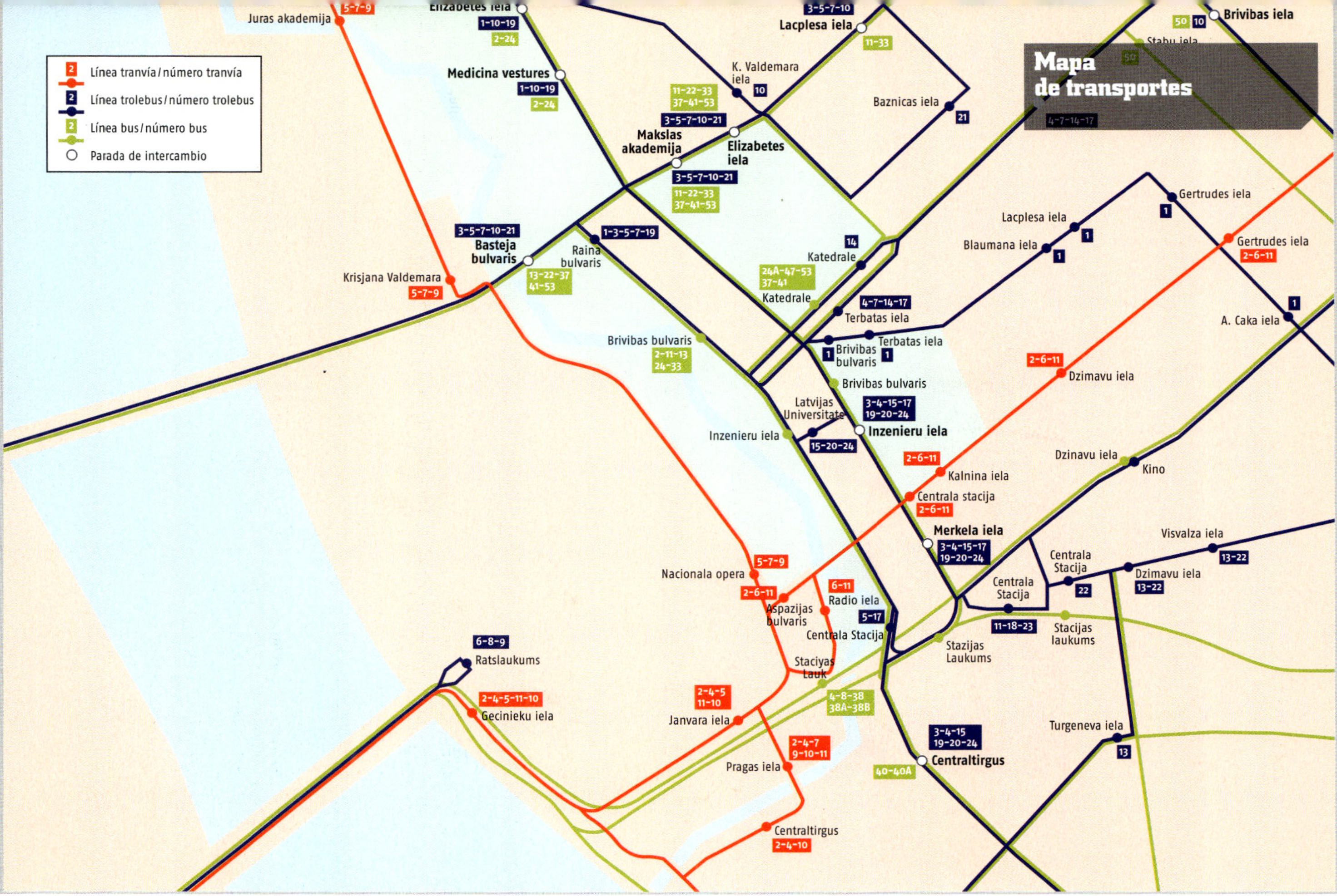

Mapa de transportes
Línea tranvía / número tranvía
Línea trolebus / número trolebus
Línea bus / número bus
Parada de intercambio
Juras akademija
5-7-9
Elizabetes iela
1-10-19
2-24
Medicina vestures
1-10-19
2-24
Lacplesa iela
3-5-7-10
11-33
K. Valdemara iela
10
Baznicas iela
21
Brivibas iela
50
10
Stabu iela
4-7-14-17
11-22-33
37-41-53
3-5-7-10-21
Makslas akademija
Elizabetes iela
3-5-7-10-21
11-22-33
37-41-53
Gertrudes iela
1
Lacplesa iela
1
Blaumana iela
1
Gertrudes iela
2-6-11
3-5-7-10-21
Basteja bulvaris
1-3-5-7-19
Raina bulvaris
13-22-37
41-53
14
Katedrale
24A-47-53
37-41
Katedrale
Krisjana Valdemara
5-7-9
4-7-14-17
Terbatas iela
1
A. Caka iela
Terbatas iela
1
Brivibas bulvaris
1
Brivibas bulvaris
2-11-13
24-33
2-6-11
Dzimavu iela
Brivibas bulvaris
Latvijas Universitate
3-4-15-17
19-20-24
Inzenieru iela
Inzenieru iela
15-20-24
2-6-11
Kalnina iela
Dzinavu iela
Kino
Centrala stacija
2-6-11
Merkela iela
3-4-15-17
19-20-24
Visvalza iela
13-22
Centrala Stacija
Dzimavu iela
13-22
22
Centrala Stacija
11-18-23
Stacijas laukums
5-7-9
Nacionala opera
2-6-11
Aspazijas bulvaris
6-11
Radio iela
5-17
Centrala Stacija
Stazijas Laukums
Staciyas Lauk
6-8-9
Ratslaukums
2-4-5-11-10
Gecinieku iela
2-4-5
11-10
Janvara iela
4-8-38
38A-38B
2-4-7
9-10-11
Pragas iela
3-4-15
19-20-24
Centraltirgus
40-40A
Turgeneva iela
13
Centraltirgus
2-4-10

Idea Original y realización: ARA LLIBRES SCCL ara.
Impreso por: Litofinter, SA

Diseño: Júlia Font i Cèl·lula
Edición: Montserrat Costas y Mariano Veloy
Coordinación editorial y maquetación: 3'14, SL
Texto: Mariano Veloy
Edición gráfica: Montse Marcet y Mariona Rovira
Cartografía: Enric Sorribas / Geotec
ISBN obra completa: 978-84-9815-127-5
ISBN: 978-84-9815-142-8
Depósito Legal: M-8203-2008